الخاتمُ المسروقُ

AF729190

دار جامعة حمد بن خليفة للنشر
HAMAD BIN KHALIFA UNIVERSITY PRESS

ذاتَ يومٍ، فقدَ السلطانُ أحدَ خواتِمِهِ الثمينةِ. غضبَ كثيرًا بسببِ ضياعِ الخاتمِ، فقدْ كانَ عزيزًا عليهِ للغايةِ.

استدعى السلطانُ وزيرَهُ ظريف، وأخبرَهُ بالأمرِ.

قالَ ظريف بهدوءٍ: «لا تقلقْ يا مولاي، خاتمُكَ موجودٌ، وهو قريبٌ منكَ».

ردَّ السلطانُ دهشًا: «ماذا تقولُ؟ بحثتُ في جميعِ أرجاءِ القصرِ ولم أجدْهُ».

ظريف: «الخاتمُ هنا، مع أحدِ أفرادِ حاشيتِكَ».

رفَضَ السلطانُ تصديقَ الأمرِ، قالَ: «لا! غيرُ معقولٍ! أنا أثقُ بحاشيتي. لا يمكنُ أن يسرقوني».

ظريف: «أحدُهم فعلَ. ولكنَّهُ ليسَ ذكيًّا بما يكفي، فقدْ نسيَ قشَّةً معلَّقةً في لحيتِهِ».

غضبَ مرافقو السلطانِ من كلامِ ظريف، قالَ أحدُهم: «نحنُ الحاشيةُ الأمينةُ المقرَّبةُ من السلطانِ، نحترمُهُ ويحترمُنا».

راحَ المرافقونَ يتحدَّثونَ معًا، ويدافعونَ عن أنفسِهِم. لمحَ ظريف واحدًا منهُم يمشِّطُ لحيتَهُ في الخفاءِ.

رغمَ أنَّ ذاكَ الرجلَ حاولَ تمشيطَ لحيتِهِ من دونِ أن يراهُ أحدٌ، إلَّا أنَّ الوزير رآهُ، فصاحَ: «مولاي! هذا هو السارقُ. فتِّشْهُ وستجدِ الخاتمَ».

رفَضَ الرجلُ أن يفتِّشهُ أحدٌ، قالَ: «أنا بريءٌ، أنا لستُ سارقًا».

سألَهُ ظريف: «إن كنتَ بريئًا فلمَ لا تتركُنا نفتِّشُكَ؟».

خضعَ الرجلُ للأمرِ، وتركَ الجنودَ يفتِّشونهُ.
عثروا على خاتمِ السلطانِ بينَ ملابسِهِ.

أمرَ السلطانُ أن يُسجنَ السارقُ حالًا.

فرحَ السلطانُ باستعادةِ
خاتمِهِ العزيزِ، وسألَ وزيرَهُ:
«كيفَ عرفتَ السارقَ فورًا؟».

ضحكَ ظريف وقالَ:

«لم أعرفْهُ فورًا يا مولاي. اخترعتُ خدعةَ القشَّةِ لأعرفَ، ولنتوصَّل إلى السارقِ. لا يمكنُ لأحدٍ سوى حاشيتِكَ أن يدخلَ القصرَ. الفاعلُ هو أحدهُم. لذا قلتُ إنَّ هناكَ قشَّةً في لحيةِ السارقِ، وبالفعلِ ارتبكَ السارقُ وحاولَ أن يُزيلَ القشَّةَ، وهكذا كشفتُهُ».